Die Gezeichneten

Die Gezeichneten

von Ernst Maria Lang

145 Karikaturen von sehenswerten Politikern und ihren Aktionen mit Kurzinterviews und Autogrammen

Süddeutscher Verlag München

Umschlagentwurf: Claus G. Hinterholzer

ISBN 3 7991 5677 1 11. Tausend

Printed in Germany

Reproduktion: Karl Wenschow GmbH, München

Satz: Hermann Hagedorn GmbH / München-Berlin

Druck: Offsetdruck Hablitzel, Dachau

Bindearbeit: Franz Spiegel, Ulm

Inhalt

Der Zeichner zu seinem Buch

Politik ist für viele Zeitgenossen, genauso wie der Politiker, kaum durchschaubar. Der Bezug von Informationen durch Leitartikel und Kommentare bedeutet geistige Arbeit und wird in unserer freizeitintensiven Welt nicht sehr geschätzt. Somit stünde es um das politische Verständnis eigentlich recht schlimm.

Die politische Karikatur hebt durch ihre Eigenschaft den Umweg über die geistige Arbeit nahezu auf. Das satirische Bild schießt wie ein Pfeil über das Auge mitten ins Herz. Wenn es gut ist.

Freilich ist die Karikatur kein Informationsersatz, aber sie stimuliert dazu, sich über das eingehender zu informieren, was durch die Karikatur knallig herausgestellt wurde. Der karikierte Politiker wird zwangsläufig zum Charakter-Nudisten. Der Karikaturist entkleidet ihn bis auf die Substanz oder aber, er verkleidet ihn so, daß er die richtige Kostümierung trägt.

So werden der Mensch, die Zeit und die Politik einprägsam signalisiert und mit Ironie auf die Substanz getestet. Es wird ein Geschichtsbuch daraus, in dem die menschlichen Bezüge klargestellt sind und die Zeitläufe vermenschlicht werden. Der Spott ist Bindemittel, Reinigungsmittel und ein bißchen Stimulans für den Leser zugleich.

Die Karikatur gibt es nur in demokratischen Ländern so wie sie sein sollte, nämlich kritisch nicht nur den Feinden gegenüber. Ihre Freiheit ist ein genauer Gradmesser der Freiheit in einem Staate. So gesehen, bezeichnet dieses Buch ein hohes Maß an Demokratie in der Bundesrepublik Deutschland.

Neben dieser Art von politischer Aussage sagten die Karikierten auf Befragen auch noch selbst aus, was sie von der politischen Karikatur hielten. Karikatur, Meinungsabgabe des Karikierten und seine Unterschrift ergeben für den Betrachter ein aufschlußreiches Psychogramm.

Heinrich Lübke

H. Lübke

Heimkehr im Schneesturm

16. 3. 66

Das Geschenk für den Schah? 4. 10. 67

Trost in Südamerika 25. 4. 64

Lübke: »Ach was, wenn uns die in Bonn nicht wollen, dann bleiben wir gleich da…«

Allen Gewalten zum Trotze sich halten …

12. 6. 68

Die Vertreibung aus dem Bundesparadies 28. 2. 68

Amtswechsel im Bundesforst

28. 6. 69

Bundesjägermeister Lübke: »Ich hatte Glück – fast jeder Schuß ein kapitaler Bock!«

Gustav Heinemann

Die politische Karikatur ist hilfreich und auflockernd. Ich bin ein Karikaturensammler aus Leidenschaft, wobei keineswegs die eigene Person im Vordergrund steht. Meine Frau hat jahrelang Karikaturen auf weiße Bögen geklebt. "Das Salz würde fehlen, wenn es keine Karikaturen gäbe."

Kopf-Jaeger in Bonn

30.11.68

»Der mit der weißen Weste ist es!«

19. 4. 69

Minifrühling in Bad Godesberg: »Brüder, ein bißchen zur Sonne...«

8.3.69

Der Thronfolger: »Den da!«

Bundesgärtner Heinemann: »Eichen gibt's genug in Deutschland...« 2.7.69

Auf dem Feldherrnhügel

13. 9. 69

Die Galionsfigur

26. 7. 69

»Mehr Backbord!«

Ludwig Erhard

Die politische Karikatur muß wohl "treffen", aber sie sollte deshalb auch nicht unbedingt verletzen oder gar zu töten suchen. Daß solche Vollkommenheit - d.h. die ideale Norm und Form - vielfach gar nicht angestrebt wird, liegt wohl auch an dem persönlichen Temperament und der politischen Einstellung des Zeichners selbst. Wer lieber mit dem Florett ficht, will eben nicht mit dem Säbel dreinschlagen. Wichtig scheint mir, daß in einer Karikatur immer auch die Bezogenheit der Person zu einer Sache zum Ausdruck kommt und nicht eine gewollte Verunglimpfung als Selbstzweck erscheint. Wenn eine Karikatur auf solche Weise weder Witz noch Esprit und Laune erkennen läßt, die Freunden und Widersachern gleichermaßen ein Lächeln abverlangt, würde ich sie persönlich als verfehlt ansehen. Andererseits kann eine gute treffsichere Karikatur oft mehr aussagen als mancher gelehrte Leitartikel. Wenn es eine Karikatur erreicht oder es ihr gelingt, bei dem Betrachter sowohl das Gemüt als auch den Geist anzusprechen, darf sie hingegen als gelungen gelten.

Die Regierungserklärung 19. 10. 63

Die Atomleier 28. 9. 66

»Hallo, Monsieur!« 9.1.65

Lieber Besuch

4.7.64

»Mein Herz ist klein, man sagt mir ein: Wir wollen gute Freunde sein.«

8. Mai 1965

»Glaubst du, er hat was gegen uns?«

Tuten und Blasen 17.7.65

Strauß: »Laut scho – aber koa Musikghör!«

Das formierte Kabinett 23. 10. 65

Warte, warte nur ein Weilchen,
dann kommt Jaeger auch zu dir –
mit dem kleinen Hackebeilchen…

Ludwig Moses Erhard

8.4.64

Der Erhard schlug aus deutschem Stein
das Wirtschaftswunderwässerlein…

Doch fehlt dem Fels der Abdreh-Hahn –
Jetzt wundert sich der gute Mann.

Kurt Georg Kiesinger
und seine große Koalition

Politische Karikatur ist konzentrierteste Aussage. Wenn sie nur verzerrt, gehört sie zur niedersten Kategorie. Wenn sie kritisch – zustimmend oder ablehnend – verdeutlicht und erhellt, und dazu noch mit Humor, kann sie zum Meisterwerk werden.

K. G. Kiesinger

Im Heißen Haus zu Washington 19. 8. 67

Besucher Kiesinger: »Ich hause natürlich viel bescheidener.«

»Gell, Indira, der ischt net heilig?«

Bonner Milljöh 21.1.67

18. 6. 69

»Schön…«

Bonner Kopplungs-Manöver

24. 5. 69

Das letzte Aufgebot – frei nach Defregger 1967

Die Sphinx

14.1.67

30. 8. 67

Pfadfindertreffen in Kreßbronn

Die Mauerphilosophie 23.3.68

»...wieso? Es gibt sie nicht – also kann auch nichts passiert sein!«

Oppositionsmöglichkeit einer Großen Koalition 17.12.66

In der Krise

15. 2. 69

»Hallo, Grzimek, wir bräuchten ein Löwenherz…«

Hameln ist überall... 2.8.69

Die Verjährung

10. 3. 65

Gespenst aus der Vergangenheit:
Im Brustton spricht der Terrorknecht,
die Lösung wär für uns das Recht.

Große Koalition

18. 11. 67

Und stehen Wahlen in das Haus,
dann spricht man frei zum Fenster raus.

Willy Brandt

Es ist gewiß eine banale Feststellung, daß die politische Karikatur oft mehr aussagt als ein Kommentar – vorausgesetzt, daß die Pointe sitzt. Außerdem: den meisten guten Karikaturen fehlt es nicht an Humor. Darin liegt dann bei aller Schärfe etwas Versöhnliches. Und das Versöhnliche darf in der Politik, wie im Leben überhaupt, nicht zu kurz kommen.

Die Schöpfung der Großen Koalition – frei nach Michelangelo 1. 9. 65

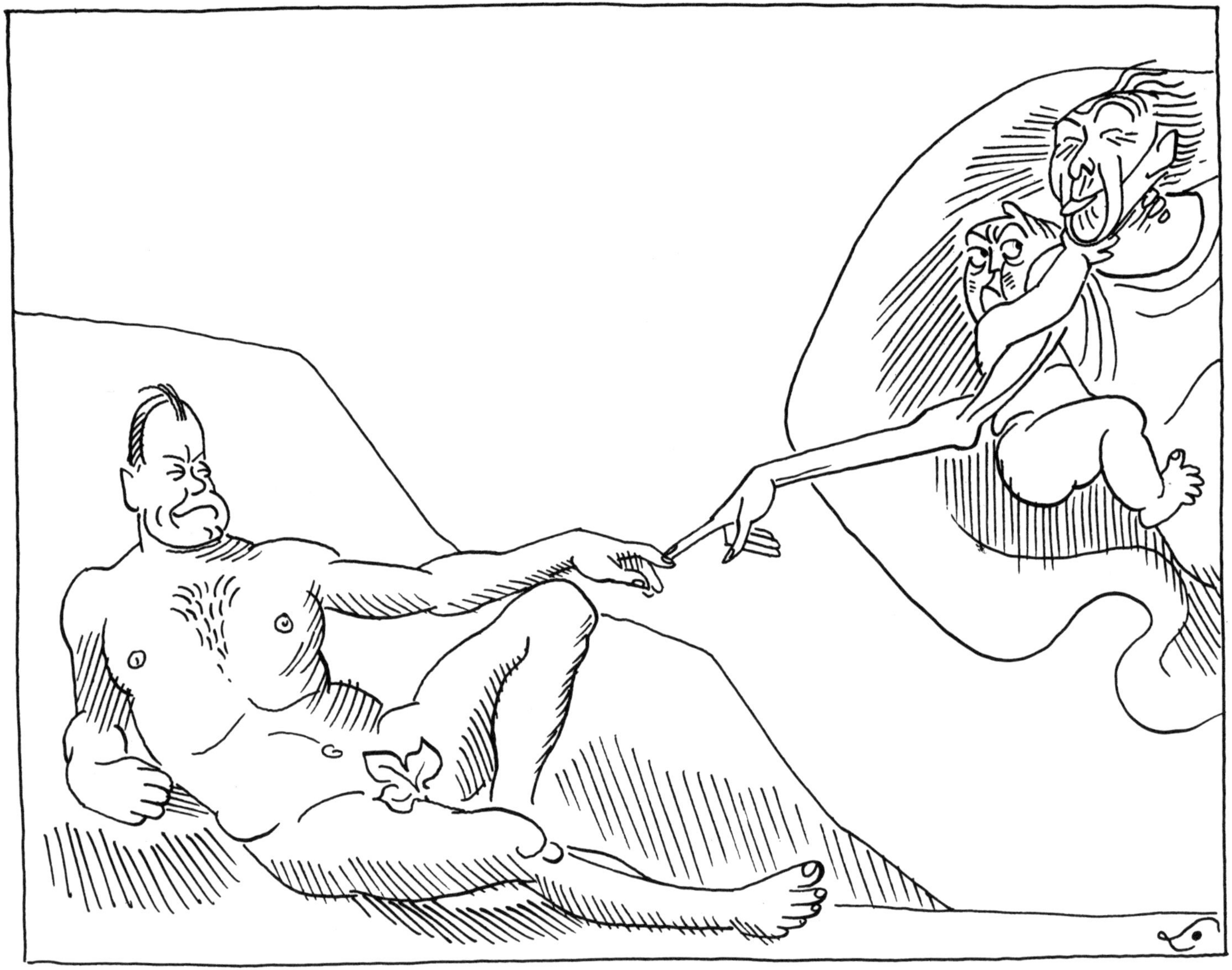

Die Bundesloge 4. 10. 69

»Ihr sitzt auf unseren Plätzen!«

Reisevorbereitungen 4. 4. 70

Erfurter Dialog

21. 3. 70

14. 5. 69

»Wir Deutschen sind ja sooo klein…«

Die Bild-Störung

28.1.70

In Rom

14. 7. 70

Seemannslos

26. 9. 70

Walter Scheel

Ich sammele politische Karikaturen, weil ich die Kunst bewundere, mit wenigen Strichen eine Situation kritisch darzustellen.
Für einen Politiker ist die Karikatur mehr als eine amüsante Randerscheinung. Sie war ein Vorläufer der Pressefreiheit und damit ein Stück Freiheit schlechthin. Ideen, die beamtete Zensoren aus geschriebenen Texten auszutilgen vermochten, entglitten in gezeichneter Form ihrem Zugriff, kamen unters Volk. Heute brauchen bei uns Karikaturen diese Funktionen nicht mehr zu erfüllen. Doch wer mag bezweifeln, daß eine Karikatur oft mehr "sagt" als Geschriebenes, mehr Nuancen, Atmosphärisches, Assoziationen enthält?
Ich liebe besonders Karikaturen, die mit Kritik Menschlichkeit gegenüber dem Dargestellten verbinden.

Walter Scheel

JETZT GEH' ICH IN'S MARXIM ...

»Eins, zwei, drei – Du bist am End' der neue Bundespräsident!« 5. 3. 69

Wahlpoker

20. 9. 69

»Steig ein, Walter!« 30. 9. 69

FDP-Kraftakt

25. 6. 69

Touristenglück

25. 4. 70

»Trag's selber!«

22. 7. 70

Moskauer Klima

1.8.70

Gromyko: »Soll ich nachlegen?«

Geisterstunde im Kreml

29. 7. 70

Karl Schiller

ERNST sind Karikaturen nie - aber sie sollten ernstgenommen werden;
gleich ob sie Karl oder MARIA mit spitzem Stift aufspießen
und knapp, nicht LANG sollte ihre Aussage sein, wenn sie politisch wird
uns alle zum Nachdenken anregen.

Karl Schiller

Professor Dr. Schiller: »Moment mal, Genosse, nur zur Beruhigung!« 25. 10. 67

Die Finanzentwicklung

16. 6. 67

Aufwertungsversuche

16. 7. 69

Die fetten Sau-Preise

30. 5. 70

Meister Schiller: »Hei, das wird ein fröhlich Schlachten!«

Das Bundeskabinett berät Wirtschaftsfragen

1.7.70

Goldenes Kalb 71 – ohne Mark und Knochen

24. 4. 71

Helmut Schmidt

Die politische Karikatur muß übertreiben, um gemeinhin Verborgenes zu entblößen und dem Blick freizugeben. Sie darf auch mal danebenhauen - selbst dort, wo sie als Instrument des politischen Kampfes gebraucht wird. Sie gehört zur öffentlichen Darstellung der Politik wie das Salz zur Suppe. Daß sie auch durachaus Kunst sein kann, wissen wir spätestens seit Honoré Daumier. Ein Politiker, der über eine Karikatur seiner selbst nicht lachen könnte, wäre ein armer Wicht. Allerdings: wer glauben sollte, der öffentlichen Karikatur zur Bestätigung seiner eigenen Bedeutung zu bedürfen, wäre auch nicht besser!

Die Lotsen gehen von und an Bord

18.10.69

In der Wahlrüstkammer 18. 12. 68

»Das wär' der passende Fehdehandschuh!«

Horst Ehmke

Die Karikatur ist eine besonders scharfe und prägnante Form des Journalismus, sie kann aber auch eine besonders liebenswerte sein. Wenn man schon zu den "Gezeichneten" zählt, ist es jedenfalls ein Vergnügen, zu den von Ernst Maria Lang Gezeichneten zu gehören.

Heia Safari! 25.10.69

Ehmkes neuer Mann für Pullach: »Köpfchen muß er haben!« 6.5.70

Egon Bahr

Ich verabscheue die gezeichnete Agitation. Sie ist Hetze und Verdummung, als politische Karikatur getarnt und gedeiht leider nicht nur unter autoritären Regimen.
Politische Karikatur ist eine besondere Form der Kunst des Möglichen, was die Fähigkeit angeht, das Wesentliche zu erkennen und es in die Wirklichkeit umzusetzen.
Die erkennbare Wahrheit zu zeichnen, indem sie überzeichnet wird, Hintergründiges vordergründig zu zeigen, die Großen der Welt klein zu machen und sie damit zu erhöhen; von der Spannung solcher Paradoxien lebt die politische Karikatur; und nicht einmal schlecht

»Halt, auf Brieftauben schießt man nicht!« 4.12.68

Russisch-deutsche Sauna

30.1.70

Bademeister Egon: »Herr Gromyko, bitte zur Massage!«

Wildwest

4.7.70

»Raus mit dem ganzen Bahr-Geld!«

»Er ist verhandlungsbereit!«

27.5.70

Käte Strobel

Dort, wo die Möglichkeiten der Sprache ihre Grenzen finden, beginnt meistens erst die Ausdrucksform der Karikatur. Die politische Karikatur ist deshalb häufig pointierter als der politische Kommentar. Denn sie vermittelt das, was zwischen den Zeilen steht, um Zusammenhänge und Hintergründe zu verdeutlichen.
Politische Karikatur ist dann besonders gekonnt, wenn sie bei aller Bissigkeit zum Schmunzeln veranlaßt. Sicher möchte niemand, der politische Verantwortung trägt, die Karikatur als Mittel der kritischen Auseinandersetzung und politischen Meinungsbildung missen.

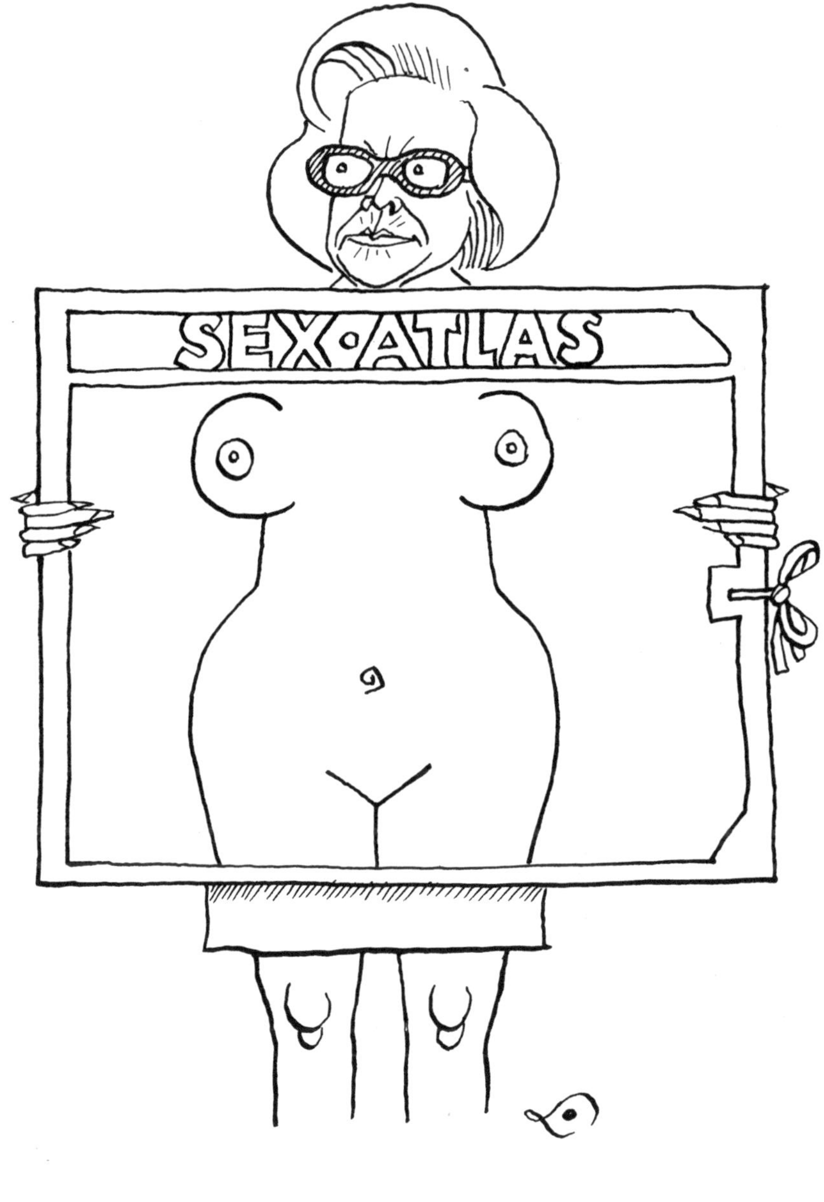
SEX·ATLAS

»Hau ruck!«

19.9.70

Sexphantom

6. 3. 71

»Die Puritaner sehn im Rauch
von Jahn nur Busen, Beine, Bauch...«

Hildegard Hamm-Brücher

Politische Karikatur - das ist die Würze des täglich-wöchentlichen Nachrichtenragouts, oft scharf und beißend, ins "Schwarze" treffend (andere Farben nach Phantasie einzusetzen), alles nach dem bewährten Rezept: Ironie, Satire und tiefere Bedeutung. Nicht Eintopf, noch Schonkost, denn kräftiges Menü wird kritisch angestrichelt. Wer's lachend-nachdenklich schluckt, macht geistig nicht "schlapp-schlapp". SoLANG's Karikaturen gibt, gibt's auch noch Liberale.

Dr. Hamm-Brücher

Im Wahl-Dschungel

21.11.70

Im Urwald oder Steppengras –
Die Hildegard traut sich schon was!

Wahlgebet

19. 11. 66

FDP-Hildegard: »Ich bin klein, mein Herz ist rein, schenk morgen zehn Prozentelein!«

Herbert Wehner

Das kommt darauf an, ob Haß oder Treffsicherheit den Stift bestimmen. Ist sie wirklich Karikatur, hab' ich Spaß an ihr. Sie muß treffen.

Herbert Wehner

15. 11. 67

»Gnade, Genossen, es ist eine Hundsarbeit…«

SPD-Softband: »...die wollen mehr Blech und Pauken!« 30. 4. 68

Rainer Barzel

Was ich von der politischen Karikatur halte? Sie wissen sehr gut, daß ich sie für nötig, für erfrischend, bezeichnend und sehr oft für einen Anlaß halte, erneut über ein Problem oder über sich selbst nachzudenken. Wie oft sagt die Karikatur es klarer als der Leitartikel! Ich freue mich immer, wenn ein Stift - bei aller notwendigen Kritik - trifft, ohne zu verletzen, und wenn es ihm gelingt, ein Schlaglicht zu werfen, das die Schlagzeile in den Schatten stellt.

Rainer Barzel

»Nur nichts überbarzeln, lieber Rainer!« 16. 2. 66

Barzels Heimkehr

18. 6. 66

Frommer Wunsch

26.10.68

»Lieber Storch, bring uns halt
ein Bundespräsidentlein bald!«

Zugang an Bord

10.10.70

Berlin – eine Schlüsselfrage 24. 3. 71

Rußlandexperten 3.6.70

Franz Josef Strauß

Die politische Karikatur muß in der Substanz die Wahrheit treffen, auch wenn sie unbequem ist. Sie muß die Wahrheit nach dem Grundsatz des lateinischen Sprichworts ridendo dicere verum treffen. Die Karikatur darf nicht unter dem Vorwand der künstlerischen Leistung den Tatbestand der verleumderischen Beleidigung erfüllen.

17.3.71

»Also, die Nummer vom Auto war: BND – und ausg'schaut hats' wie der Ehmke...«

Fernträumer Strauß

14. 8. 70

F J 1 in Lauerstellung

5. 3. 66

Finanzgärtner Strauß: »Bei dem freut's mich ganz b'sonders!«

17.1.68

Rumpelsträußchen:

»Wie freut es mich, daß niemand kennt, was sich Mehrwertsteuer nennt!«

»… aus'm Weg, sag i!«

CSU-Roßkur 1966

8.10.66

Bayerisches Fernsehen...

13.3.71

...Modell F.J. Strauß

Aschermittwoch in Vilshofen

11. 2. 70

In der CSU-Landesgalerie

1.7.67

Katalognummer 1967: Franz Josef der Einzige

Gerhard Schröder

Die politische Karikatur halte ich für ein wichtiges, aber auch reizvolles Element der kritischen Publizistik. Sie beleuchtet schlaglichtartig Menschen, Ereignisse und Zustände. Ihre Stärke liegt in der Prägnanz der Aussage. Eine treffende Karikatur sagt oft mehr als ein langer Artikel. Mir sind gelungene Karikaturen oft Anlaß zur Heiterkeit, oft auch zum Nachdenken.

Bundespräsidenten-Probe

9.10.68

Moskauer Bärenfang

20.1.71

Hermann Höcherl

Die politische Karikatur ist:

1. Für den Zeitungsleser der beste Kurzkommentar.
2. Für die Betroffenen, soweit sie Humor haben, ein Spiegel ohne Verzerrung und ein beliebtes Sammelobjekt. Bei mir hängen die besten eingerahmten in der Diele, als Dauerausstellung.
3. Für die humorlosen Betroffenen die gerechte Strafe für ihre Humorlosigkeit.
4. Die humanisierte Prügelstrafe.
5. Blitzlichter der Zeitgeschichte.
6. Für die "einsichtigen Betroffenen" eine Besserungsanstalt.

Retouchieranstalt Höcherl & Co

2. 2. 63

»Eine Schweinearbeit, Boss – und alles in Spiegelschrift…«

Oktoberfest in Bonn

3.10.70

»Soll das vielleicht eingeschenkt sein?«

Richard Nixon

THE WHITE HOUSE
WASHINGTON

With best wishes
Richard Nixon

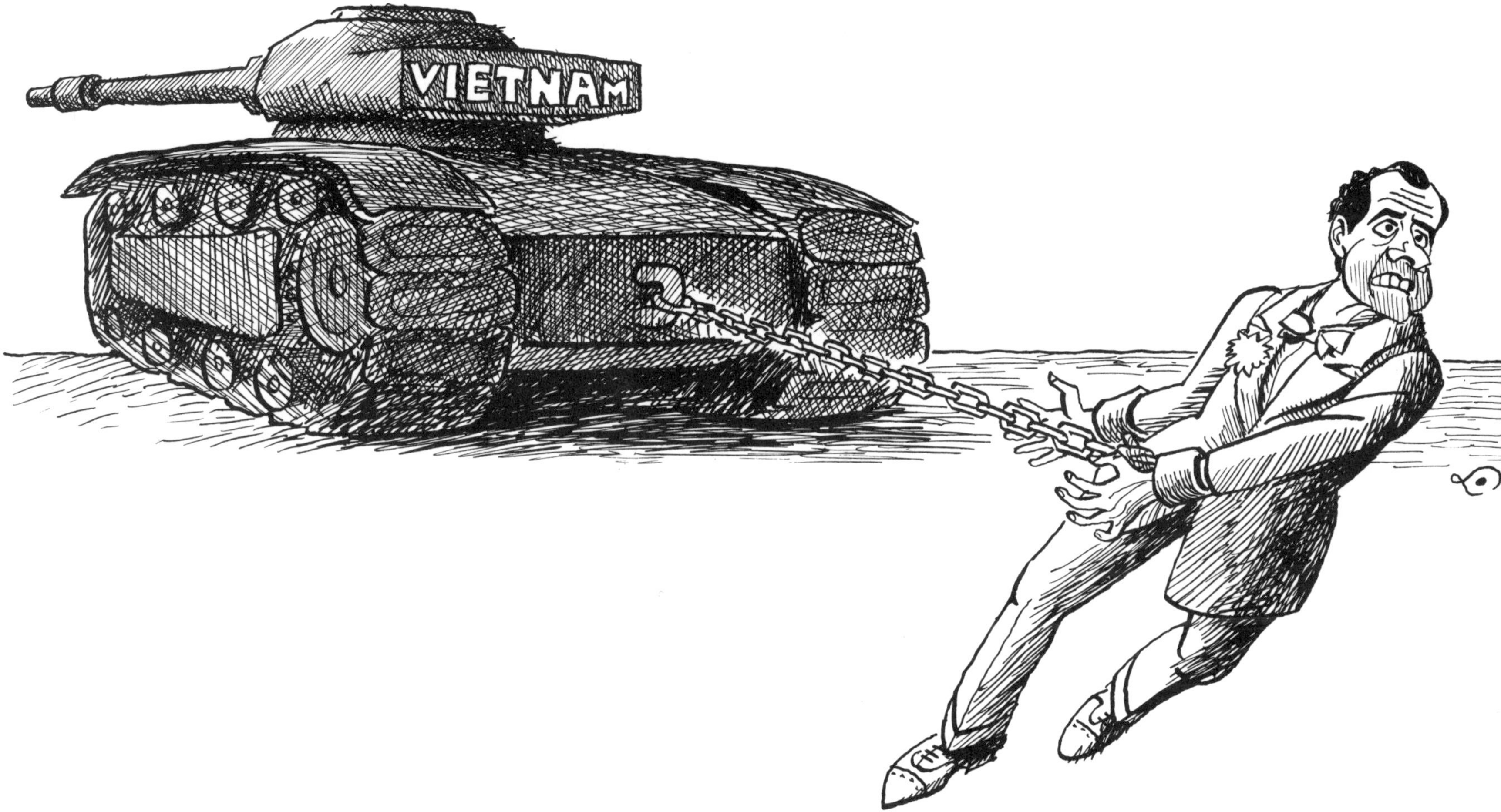
VIETNAM

Der Nachfolger

9.11.68

»Helloh Richard!«

Die Ablösung

22.1.69

Auskunft auf laotisch

6. 2. 71

»Hier sind nur Eingeborene, you see…«

Calley 3.4.71

Harold Wilson

From: The Rt. Hon. Harold Wilson, OBE, FRS, MP.

HOUSE OF COMMONS
LONDON, SW1

Political caricaturists seek the truth through exaggeration. Their honest craftmanship makes the undistinguished look uncommon. They can bring out the best in the worst and the worst in the best. They say in a line what the political journalist says in a whole column. That is their strength.

Harold Wilson

E.W.G.

EWG-Ingenieur Wilson: »Der Pfeiler ist reichlich hoch, indeed...« 3.5.67

Britische Alternative: »Wodka oder Neiße – äh, pardon, Whisky?« 15. 2. 67

Tröstung

28.10.67

Kiesinger: »Halt aus, Wilson, ich spiel dir derweil was vor...«

Jockei Wilson und ein Pferd vom Stalle Gallup: Der Gaul war überfüttert. 20. 6. 70

Edward Heath

10 DOWNING STREET,
WHITEHALL, S.W.1.

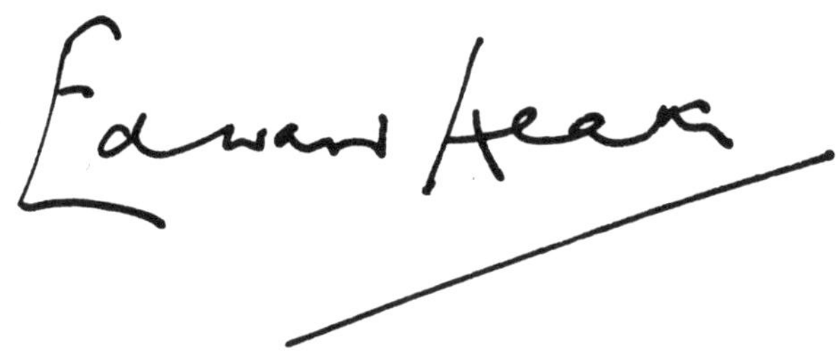

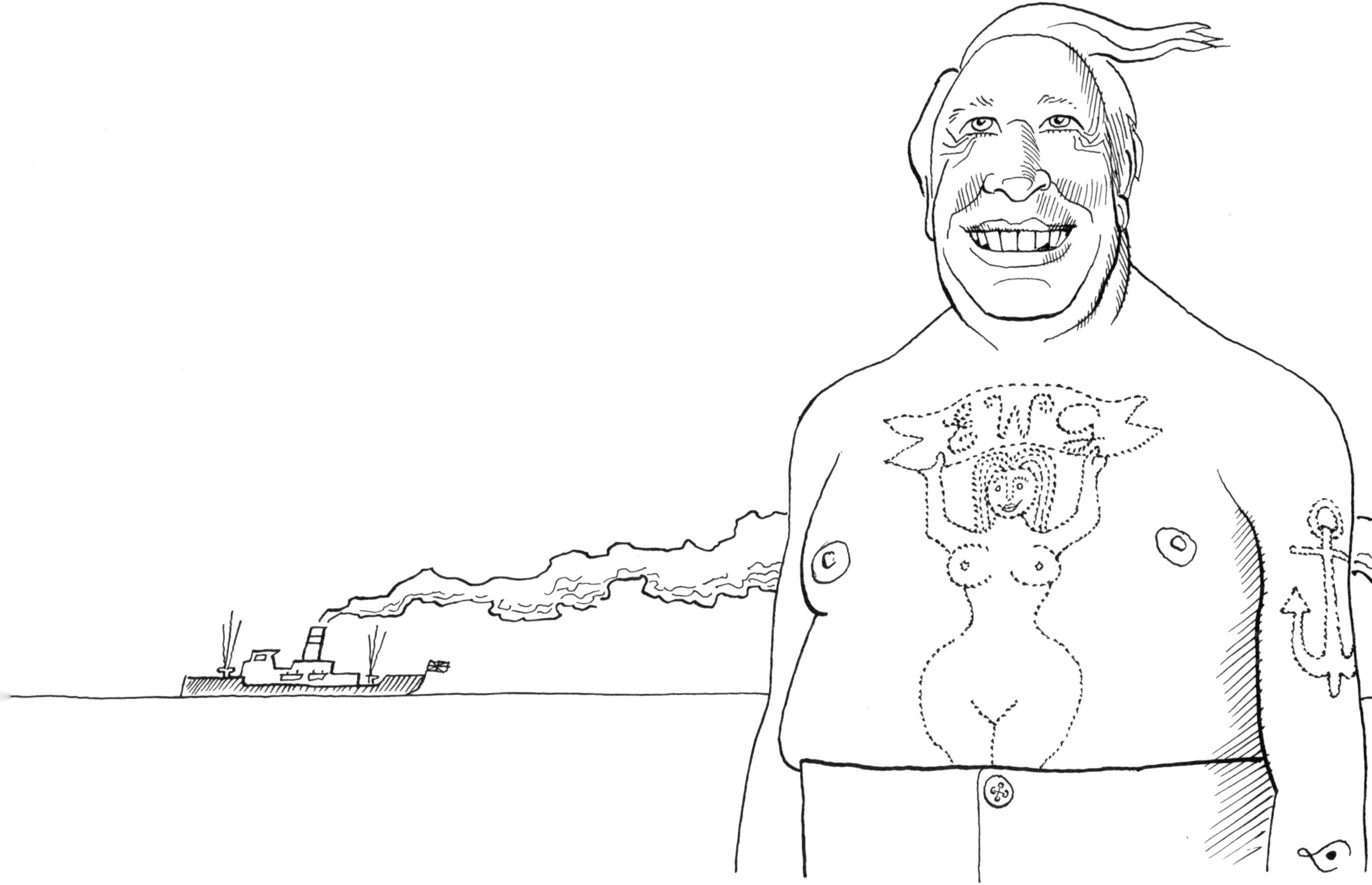

Anlegemanöver

7.4.71

Eintritt zu ermäßigten Preisen

12. 5. 71

Herzog von Edinburgh

Manche Karikaturisten sind besser als andere. Gute politische Karikatur sammle ich sogar.

Duke of Edinburgh, Earl of Merioneth and Baron Greenwich, Admiral of the Fleet, Field Marshal, Marshal of the Royal Air Force, Admiral of the Fleet, Royal Australian Navy, Field Marshal, Australian Military Forces, Marshal of the Royal Australian Air Force, Admiral of the Fleet, Royal New Zealand Navy, Captain General, Royal Marines, Colonel-in-Chief, The Queen's Royal Irish Hussars, The Duke of Edinburgh's Royal Regiment (Berkshire and Wiltshire), Queen's Own Highlanders (Seaforth and Camerons), The Corps of Royal Electrical and Mechanical Engineers, The Royal Canadian Regiment, Royal Corps of Australian Electrical and Mechanical Engineers, Colonel of the Welsh Guards, Hon. Colonel, Edinburgh and Heriot-Watt Universities Officers' Training Corps, Admiral, Sea Cadet Corps, Royal Canadian Sea Cadets, Colonel-in-Chief, Army Cadet Force, Royal Canadian Army Cadets, Australian Cadet Corps, Cameron Highlanders of Ottawa (Militia), Queen's Own Cameron Highlanders (Militia) (Canadian), Seaforth Highlanders (Militia) (Canadian), Hon. Colonel, Trinidad and Tobago Regiment, Air Commodore-in-Chief Air Training Corps, Royal Canadian Air Cadets, Master of the Corporation of Trinity House, Ranger of Windsor Park.

Georges Pompidou

Die etablierte französisch-deutsche Zusammenarbeit erstreckt sich nicht auf den persönlichen Kontakt zwischen dem Staatspräsidenten und einem politischen Karikaturisten. (Der Verfasser)

Premiere in der Comédie Française

21.6.69

Gemeinsame Ostpolitik: »Mein lieber Iwan...«

14.10.70

Bruno Kreisky

Die politische Karikatur ist ein Korrektiv von beträchtlicher Nützlichkeit, indem sie uns hilft, uns weniger so zu sehen, wie wir uns sehen möchten, sondern wie die anderen uns sehen;
weil sie einen heiteren Schimmer auf die "Grausamkeit" des politischen Alltags wirft;
weil sie spätestens seit Daumier zur gesellschaftskritischsten Kunst wurde.

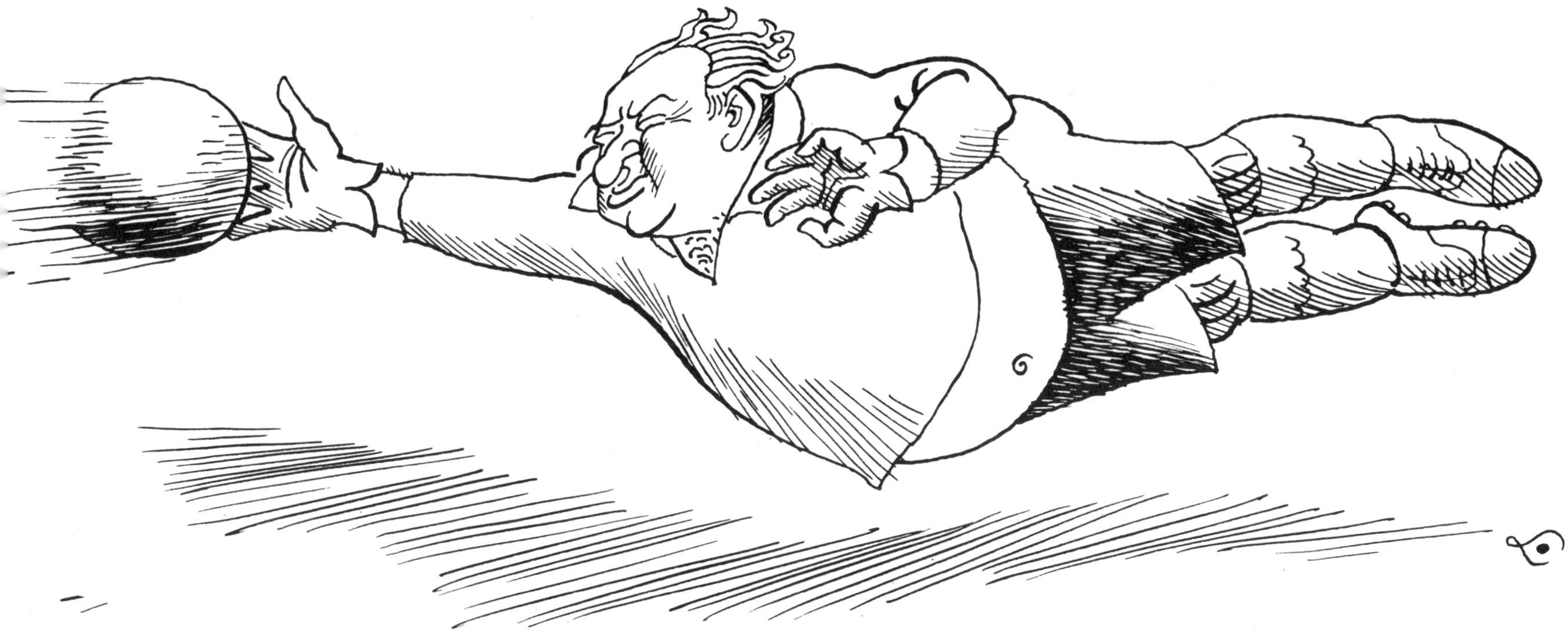

Erträumter Gipfel

7.10.70

Jonas und der zufriedene Wahl-Fisch

28.4.71

Wilhelm Hoegner

Politische Karikaturen sind
verborgene Wahrheiten.
Sie bringen an den Tag,
was der karikierte
Politiker sorgfältig zu
verhüllen sucht.

Der bayerische Löwe Wilhelm Hoegner

Vor 80 Jahren saugt voll Kraft
der kleine Löwe Bayernsaft…

23. 9. 67

Mit 40 zeigt er seine Kräfte
und beißt in Nazi-Stiefelschäfte…

Jetzt ist er volle 80 Jahre
mißtrauisch gegen deutsche Aare.

Karsten D. Voigt

Der guten politischen Karikatur kann es gelingen, in einer Zeichnung dreierlei Auffassungen darzustellen:
Die des Karikaturisten, dessen zeichnerische Form auch immer Wiedergabe seines eigenen politischen Inhalts ist;
die derjenigen Bevölkerungsgruppe, die der Karikaturist mit seiner Zeichnung ansprechen will und an deren Kenntnisse, Urteile und noch mehr Vorurteile und Empfindungen er bestätigend oder kritisierend anknüpft.
Und zuguterletzt kann die politische Karikatur besser als mancher Artikel die politischen Auffassungen der Gezeichneten – so wie sie sich auch über seine verbalen Bekenntnisse hinaus in seiner gesamten politischen Praxis ausdrücken – bildlich darstellen, aufdecken, entlarven. Allerdings wird diese Möglichkeit nur selten treffend verwirklicht.

Karsten D. Voigt

SPD

Auch ein Pfingstwunder

16. 5. 70

»Und sie reden in fremden Zungen…«

20. 4. 68

»… die im Lichte sieht man nicht«

Hans-Jochen Vogel

Die Karikatur ist für mich das Salz in der politischen Alltagssuppe. Wenn sie gut ist, kennzeichnet sie Situationen und Persönlichkeiten oft treffender und verständlicher als es ein Dreispalter kann. Für den "Gezeichneten" ist die Karikatur außerdem eine wohltuende Mahnung, auch einmal über sich selbst zu lachen und sich nicht so bitter ernst zu nehmen.

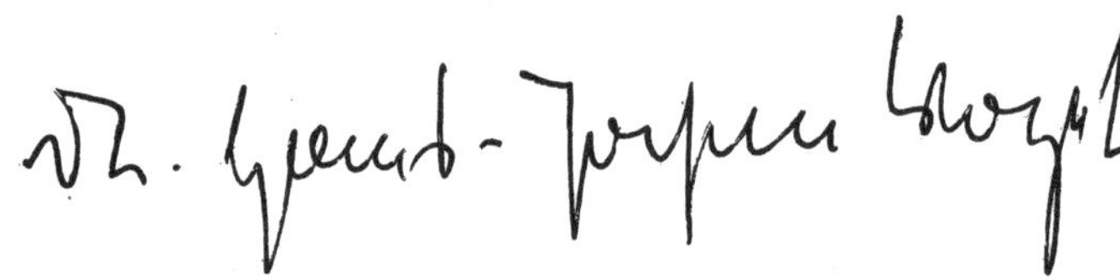

Bayerische Löwengrube München

12. 3. 66

Münchner Schulmodell abgelehnt 26. 8. 67

»Ihr sollt nicht denken, sondern folgen!«

»Auf die Bitten der Bürgermeister...«

27.11.68

Sieg, Sieg…

27.4.66

25.3.70

»Aber, so ein großer Bub ist doch längst drausgewachsen...«

Vor dem großen Bayern-Rennen

27.6.70

Die Roßkur 20. 2. 71

Der Umsteiger

27.2.71

Alfons Goppel

Karikaturisten sind aus der Politik nicht mehr wegzudenken als Mittel der Kritik wie der Zustimmung. Karikaturisten könnte man im besten Sinne als die Hofnarren unserer Zeit bezeichnen, denen es gestattet ist, auch das Unangenehme nicht nur anzudeuten.

Baierische Votivtafel

1.12.62

Deutschland Brandstiftung e.V.

11. 5. 68

Spritzenmeister Goppel: »... zu feier-gefährlich!

Die Rollenverteilung

5.12.70

Regisseur Goppel: »Naa, koane Münchner – mir schpuin a Bauernstückl!«

Abschied auf bayrisch

5. 10. 63

Der Zeichner über sich selbst

In Oberammergau am 8. Dezember 1916 geboren, an einem hohen bayerischen Feiertag, und deshalb der Zuname Maria. Im Benediktinerkloster Ettal das Abitur des Humanistischen Gymnasiums abgelegt, vom ersten Tag an als Karikaturist markiert, gelobt und bestraft. Für zweieinhalb Jahre in den Arbeits- und Militärdienst geschickt. Als zusätzliches Marschgepäck die zeichnerischen Anlagen des Vaters Georg Johann und der Mutter Emanuela. Dem starken Trieb zum Bauen folgend, Architekturstudium an der TH München. Dann weitere sechs Jahre durch den Krieg in die Pfanne gehauen. Im Westen und Osten nachdrücklich eines Besseren belehrt. Endlich 1947 das Diplom als Architekt, zugleich Assistent an der TH München bis 1949. Zufällige Entdeckung des Karikaturisten 1947 durch die Süddeutsche Zeitung und dann während eines zünftigen Oktoberfestes 1954 auch durch das Bayerische Fernsehen. Beide

Verpflichtungen laufen noch. Ab 1949 selbständiger Architekt mit vielen Wettbewerbserfolgen und Aufträgen. Das Ganze angereichert durch Ehrenämter im Bund Deutscher Architekten, bei der Landeshauptstadt München, eigentlich immer durch freundlichen Zwang. Reine Freudenquelle seit 1961 durch die Leitung der Gewerbeschule für Bau- und Kunsthandwerk in München erschlossen. Seit 1971 Präsident der Bayerischen Architektenkammer. Träger des Theodor-Wolff-Preises für Karikatur; Ludwig Thoma-Medaille in Gold; Buchveröffentlichungen; Teilnahme an Ausstellungen; zahlreiche Reisen in Amerika, Afrika und im Vorderen Orient. Durch noch vorhandene sportliche Altsubstanz Managerkrankheiten überwunden. Seit 1941 verheiratet, fünf erwachsene Kinder.

Merke: Eine etablierte Type.